Hans Blossey

DÜSSELDORF

VON OBEN

Die schönsten Luftbilder der Stadt

Fotojournalist und Pilot Hans Blossey mit
seinem Reisemotorsegler Dimona H36.
Foto: Peter von Felbert

HANS BLOSSEY

1952 in Essen geboren. Fotovolontariat bei der Westdeutschen
Allgemeinen Zeitung in Essen, Arbeit als Bildredakteur im gesamten
Ruhrgebiet. 1991 Wechsel in die Zentral-Redaktion der WAZ und
zehn Jahre lang verantwortlicher Fotograf für die Seite Eins- und
die Reportage-Redaktion. 2009 Selbständigkeit als journalistischer
und gewerblicher Luftbildfotograf. Seit 1983 mit drei Fluglizenzen
und seit 1988 mit dem eigenen Flugzeug unterwegs. Sein Luft-
bildarchiv zählt mittlerweile 250.000 Aufnahmen und wird ver-
vollständigt durch internationale Reisefotografie.
Hans Blossey ist darüber hinaus Mitglied in der
Fotografenvereinigung freelens/Hamburg und
Dozent an der Essener Medienakademie Ruhr
im Bereich Fotojournalismus.

www.luftbild-blossey.de

Bibliografische Information der Deutschen Nationalbibliothek
Die Deutsche Nationalbibliothek verzeichnet diese Publikation in der Deutschen Nationalbibliografie;
detaillierte bibliografische Daten sind im Internet über http://dnb.dnb.de abrufbar.

IMPRESSUM

1. Auflage Oktober 2019
Satz und Gestaltung: Ina Zimmermann
Umschlagfotos: Hans Blossey
Umschlaggestaltung: Ina Zimmermann
Druck und Bindung: Multiprint GmbH, Kostinbrod 2230, Slavianska Str. 10 A, Bulgarien
© Klartext Verlag, Essen 2019
Alle Rechte vorbehalten
ISBN 978-3-8375-2123-8

KLARTEXT Jakob Funke Medien Beteiligungs GmbH & Co. KG
Jakob-Funke-Platz 1, 45127 Essen
info@klartext-verlag.de, www.klartext-verlag.de

INHALT

VORWORT

Hans Blosseys faszinierende Luftbilder nehmen uns mit auf eine spannende Reise durch Düsseldorf. Grandiose Ausblicke ermöglichen völlig neue, ungeahnte Sichtweisen und laden zum (Wieder-)Entdecken einer vielseitigen Stadt ein.

Über und unter den Wolken gelingen Blossey Aufnahmen, die durch die Ausweitung des Blickwinkels spannende Perspektiven eröffnen. Seine Fotografien bieten ein doppeltes sinnliches Vergnügen, weil sie erhabene Übersichten mit einem überwältigenden Detailreichtum vereinen.

Von Kaiserswerth über den Flughafen und den Nordpark bis zur Stadtmitte, von der Altstadt über die Rheinuferpromenade zur Rheinkniebrücke und zum Hafen, von Oberkassel bis nach Grafenberg und vom Unterbacher See bis Schloss Benrath – die aus der Vogelperspektive beobachteten Architekturen der Stadt- und Naturräume faszinieren zudem durch ihre Formen und Farben.

So entwickeln Blosseys Fotografien über das bloße Abbild hinaus einen künstlerischen Perspektivwechsel, der Lust darauf macht, die Stadt Düsseldorf auf jeder Seite neu zu erleben.

Achim Nöllenheidt

ANSICHTEN

Flussschleife mit Rheinknie |

Die Rheinkniebrücke
Richtung Oberkassel

Ein Teil des Regierungsviertels, des Medienhafens und des Stadtteils Unterbilk

Der Landtag Nordrhein-
Westfalen mit dem runden
Plenarsaal im Zentrum

Bild vorherige Doppelseite:
der Rheinturm misst
240,50 Meter und ist das
höchste Bauwerk Düsseldorfs

Der Neue Zollhof.
Das Gebäudeensemble wird
nach seinem Architekten
auch Gehry-Bauten genannt

Rheinkniebrücke, Rheinturm
und Medienhafen bei Nacht

Bild folgende Doppelseite:
vom Hafen bis nach Hamm.
Oben die Josef-Kardinal-
Frings-Brücke und die
Hammer Eisenbahnbrücke

Theodor-Heuss-Brücke,
Oberkasseler Brücke und
Rheinkniebrücke sind Teil der
"Düsseldorfer Brückenfamilie"

Bild folgende Doppelseite:
Carlstadt und Stadtmitte. Rechts
das Bürogebäude "GAP 15" am
Graf-Adolf-Platz und das 122,70
Meter hohe Hauptgebäude der LVA

Das Ständehaus mit
Kaiserteich und Schwanen-
spiegel. Als "K21" gehört es
zur Kunstsammlung
Nordrhein-Westfalen

Der Kö-Bogen und die
Baustelle Kö-Bogen II

Bild vorherige Doppelseite:
Blick über die Altstadt und die
Stadtmitte Richtung Pempelfort

Die Düsseldorfer Altstadt – hier
finden sich zahlreiche Kneipen,
Restaurants, Ladenlokale und
Kultureinrichtungen

Die Klosterkirche St. Andreas
und das Immobilienprojekt
"Andreas Quartier"

Der Stahlhof
zwischen Breite Straße
und Kasernenstraße

Der Sportpark mit Arena
und die Messe Düsseldorf
in Stockum

Der 36,60 Hektar große
Nordpark mit dem Aquazoo
Löbbecke Museum

Bild folgende Doppelseite:
Der Stadtteil Urdenbach und das
Naturschutzgebiet Zonser Grind

IM & AM WASSER

Das Naherholungsgebiet Unterbacher See
und das Naturschutzgebiet Elbsee

Das Strandbad Nordstrand
am Unterbacher See

Badespaß auf der
Südseite des Sees

Der Bootshafen
am Unterbacher See

Bootsliegeplätze mit Ruder- und Tretbooten |

Der Unterbacher See
und die A46

Liegewiese und Strand an der
Nordseite des Sees

Sonnenaufgang über
dem Unterbacher See

STADTLEBEN

Schlossturm und Rheintreppe am Burgplatz |

Der Burgplatz und die Rheinuferpromenade mit den Kasematten
im Februar

| Schiffe der "Weissen Flotte" an der Rheinuferpromenade bei der Pegeluhr

Kinder- und Jugendkarneval
auf der Königsallee

Rosenmontagszug auf dem
Marktplatz vor dem Rathaus

Auf dem Marktplatz vor dem Rathaus
findet auch der "WeinSommer" statt

Der Markt auf dem Carlsplatz hat
an sechs Tagen der Woche geöffnet

Der Hofgarten mit der Jägerhofallee und das Dreischeibenhaus

Die Königsallee, kurz Kö, vom Graf-Adolf-Platz aus

Der Düsseldorfer Hauptbahnhof
und die Gebäude um den
Bertha-von-Suttner-Platz
am Ostausgang

Die Tonhalle am Ehrenhof mit
NRW-Forum und Kunstpalast

Weihnachtsmarkt um das Jan-Wellem-Reiterdenkmal vor dem Rathaus |

FLUGHAFEN

Ein landender Jet des
Typs Embraer 190/195 der
Airline Helvetic

Neubaugebiet auf dem Areal der ehemaligen Stadtgärtnerei mit ehemaligem Wasserturm der Veltalm Buer (Mitte); davor im Vordergrund Kies-

Blick auf die Start- und Landebahnen, unten der Stadtteil Lohausen

Bild folgende Doppelseite: der Düsseldorfer Flughafen ist der drittgrößte Flughafen Deutschlands

Eine startende Boeing Dreamliner
der Etihad Airline

Bild folgende Doppelseite:
der Skytrain und der Fernbahnhof
am Düsseldorfer Flughafen

Links: Hochbetrieb am Abfertigungsfinger
Rechts: die erleuchtete Start- und Landebahn

Links: ein Jet auf der Startbahn
Rechts: die Flughafen Terminals A/B und C

WOHNWELTEN

Wohngebiet an der Toulouser-Allee
zwischen den S-Bahnhöfen Derendorf und Zoo

| Das "Andreas Quartier" am ehemaligen Sitz des Land- und Amtsgericht

Der Wohn- und Bürokomplex Prinzenpark am Vodafone Campus in Heerdt |

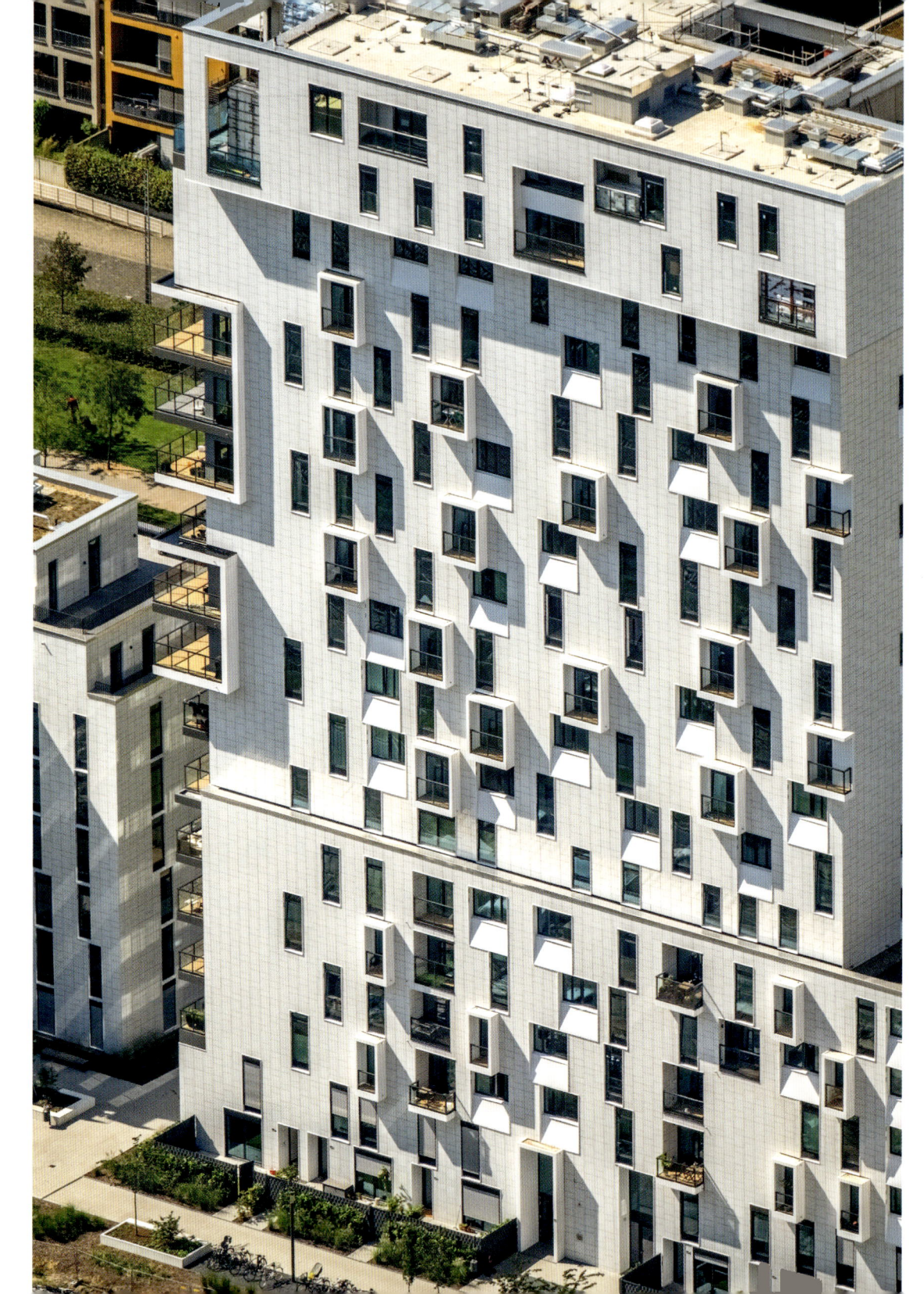

Mehrfamilienhaus im "Quartier Central"
an der Toulouser Allee

Auf dem Gelände der
"Reitzenstein-Kaserne" in Mörsenbroich ist die
"Gartenstadt Reitzenstein" entstanden

Blick auf das ehemalige
Gelände der "Reitzenstein-Kaserne"
in Mörsenbroich

Die denkmalgeschützte
Ulanenkaserne in Derendorf
ist heute ein Wohnviertel

| Das Ekō-Haus der Japanischen Kultur in Niederkassel

Der Stadtteil Kaiserswerth direkt am Rhein |

| Grafenberger Häuser und Landschaft im Herbst

SCHLÖSSER, BURGEN & KIRCHEN

Schloss und Park Benrath |

Schloss Benrath mit seinen Gärten, der Schloßallee
und dem 470 Meter langen Spiegelweiher

Bild folgende Doppelseite:
Schloss Kalkum im gleichnamigen Stadtteil

Die Burg Angermund am Angerbach

| Schloss Heltorf im Stadtteil Angermund

Bild folgende Doppelseite:
Schloss und Schlosspark Eller |

| Die Pfarrkirche St. Suitbertus in Kaiserswerth

Die Graf-Recke-Kirche in Kaiserswerth |

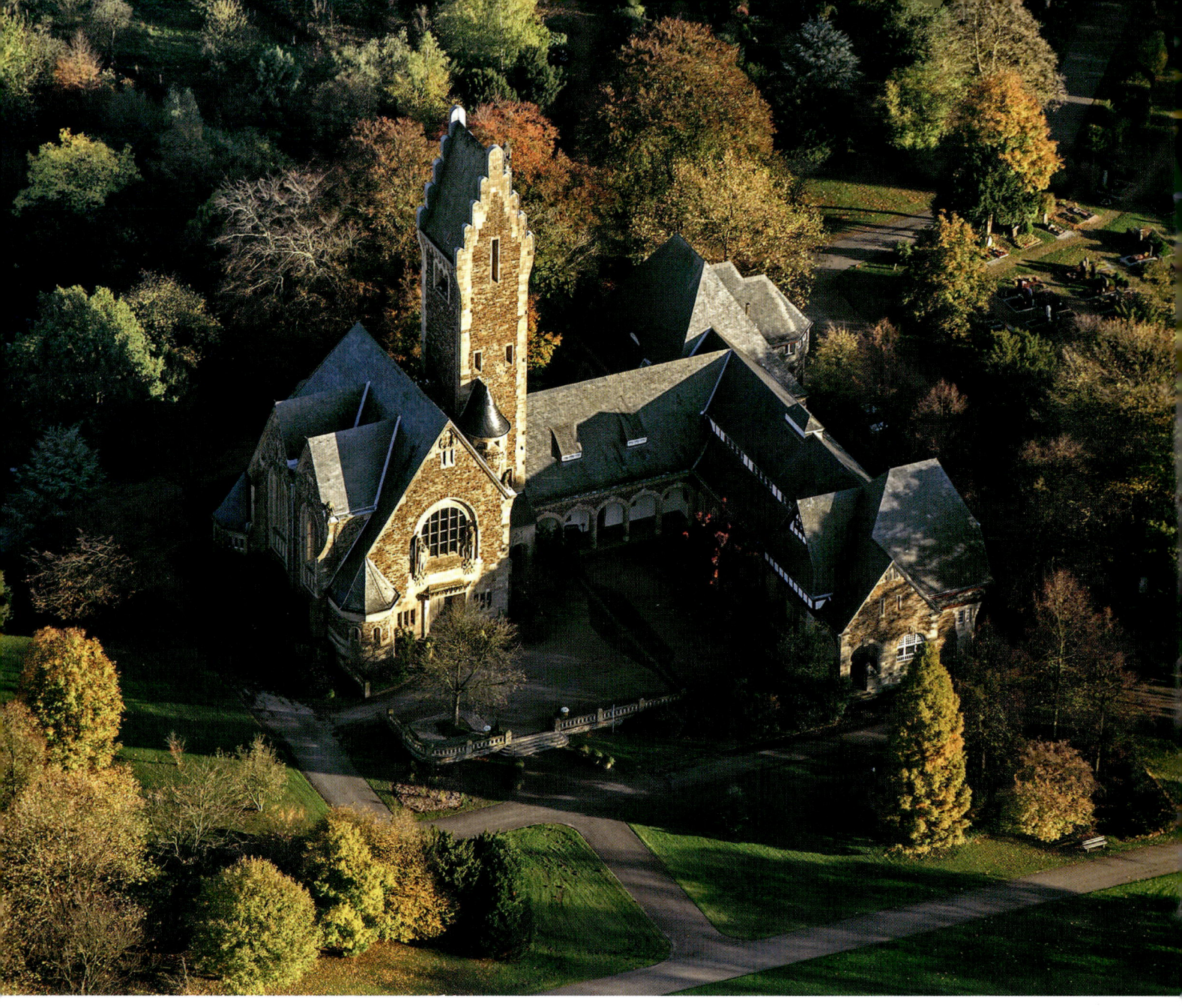

Die Kapelle am Südfriedhof zwischen
Unterbilk und Volmerswerth

Die Kreuzkirche am
Straßenstern in Pempelfort

| Die Johanneskirche, auch Stadtkirche, in der Stadtmitte | Die Kirche St. Rochus, auch Rochuskirche, in Pempelfort

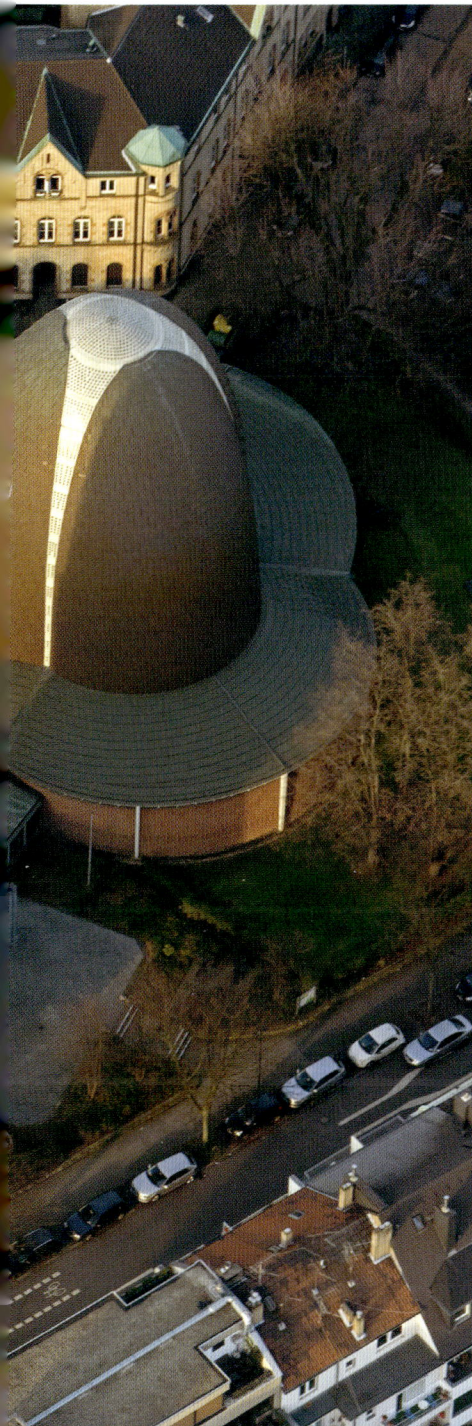

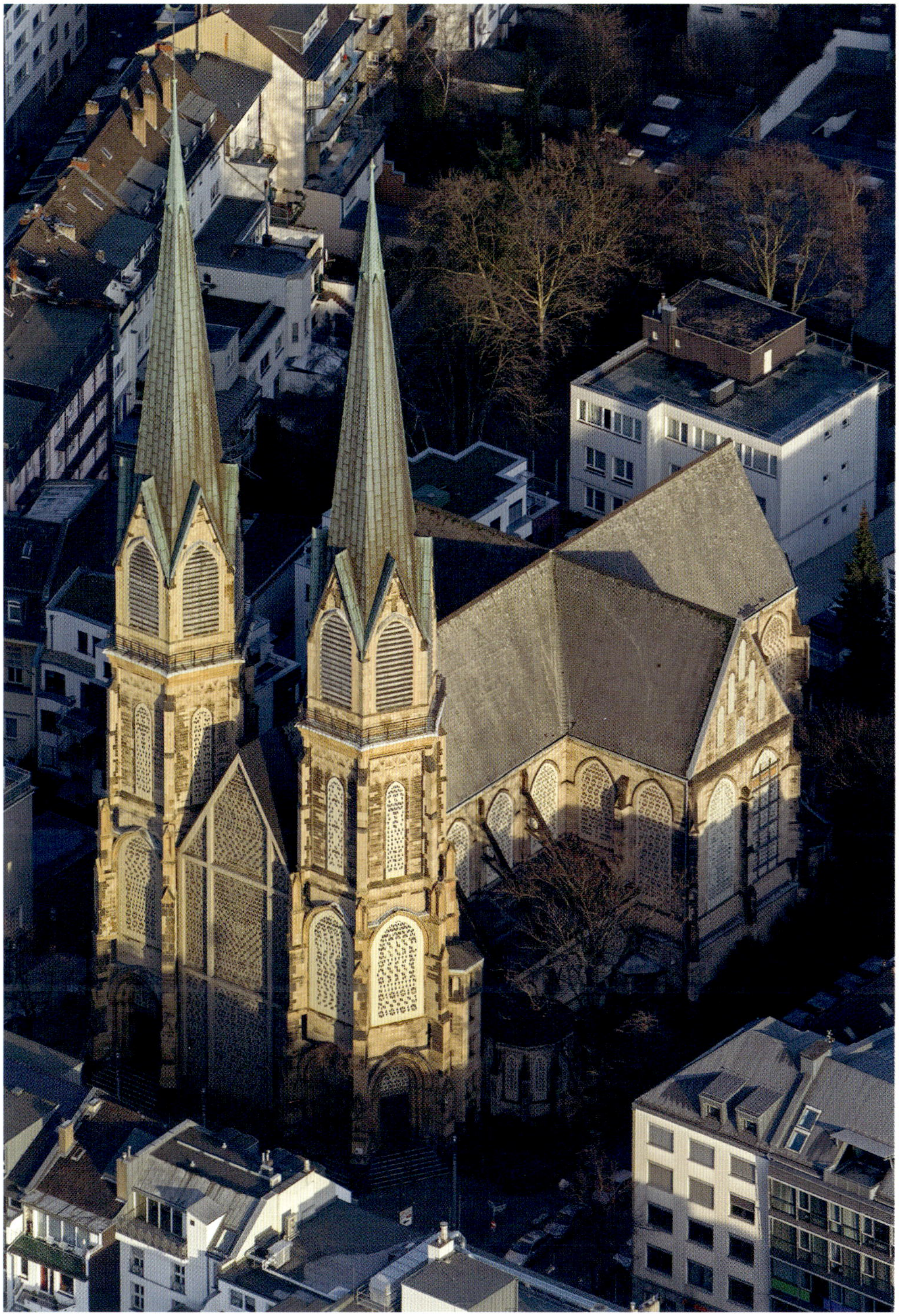

| St. Mariä Empfängnis, auch Marienkirche, in der Stadtmitte

Die Pfarrkirche St. Antonius
in Friedrichstadt

Die Pfarrkirche St. Peter und
der Kirchplatz in Unterbilk

FORMEN & FARBEN

Landwirtschaftliche Flächen im
Stadtteil Volmerswerth

Spielplatz des Strandbads Südstrand
am Unterbacher See

Eine Liebeserklärung
am Rheinufer in Oberkassel

| Der Ostplatz des Golf Clubs Hubbelrath

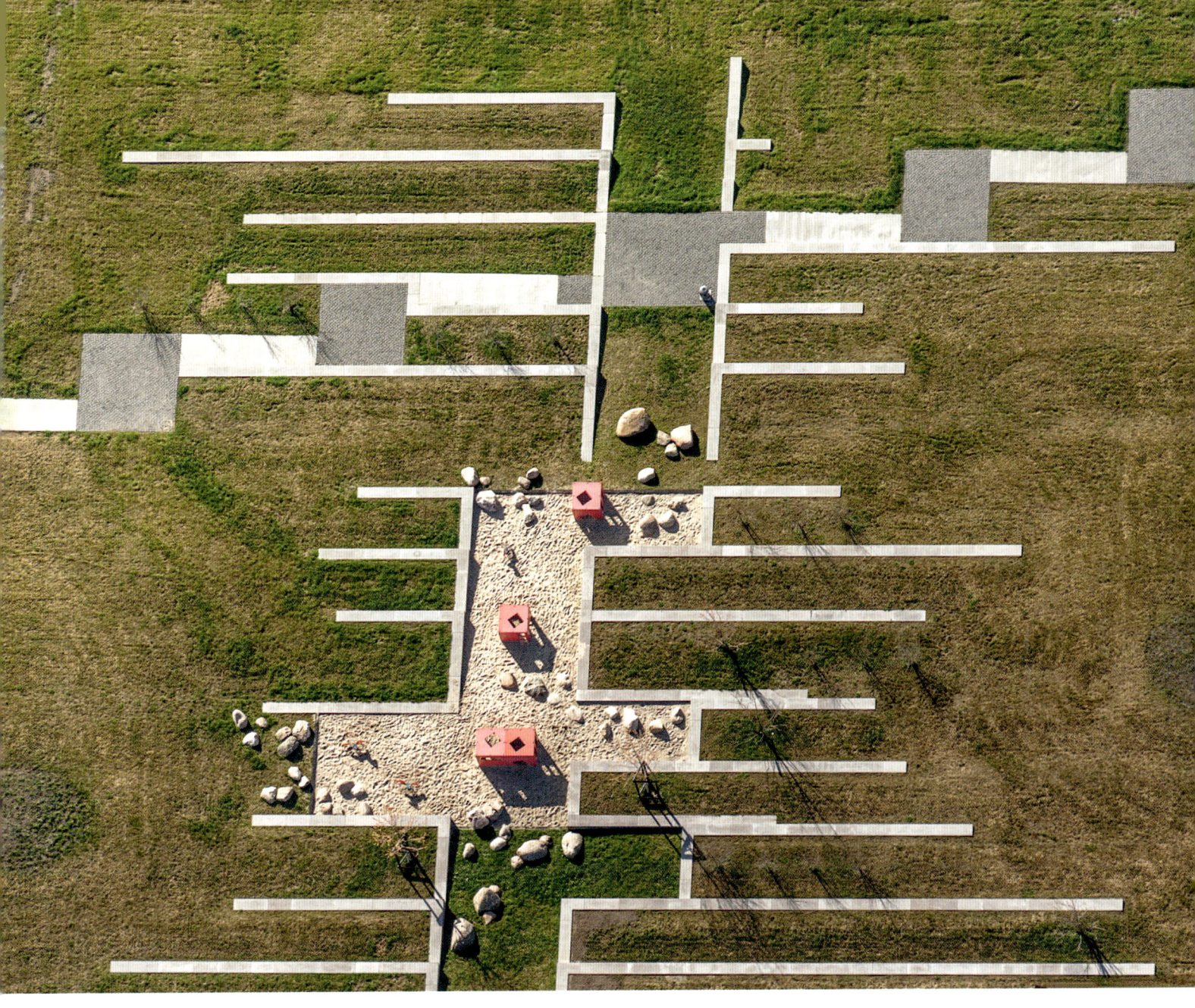

Grünanlage zwischen Marc-Chagall-Straße
und Toulouser Allee in Derendorf

Ein Teil der Automeile
Höherweg in Flingern

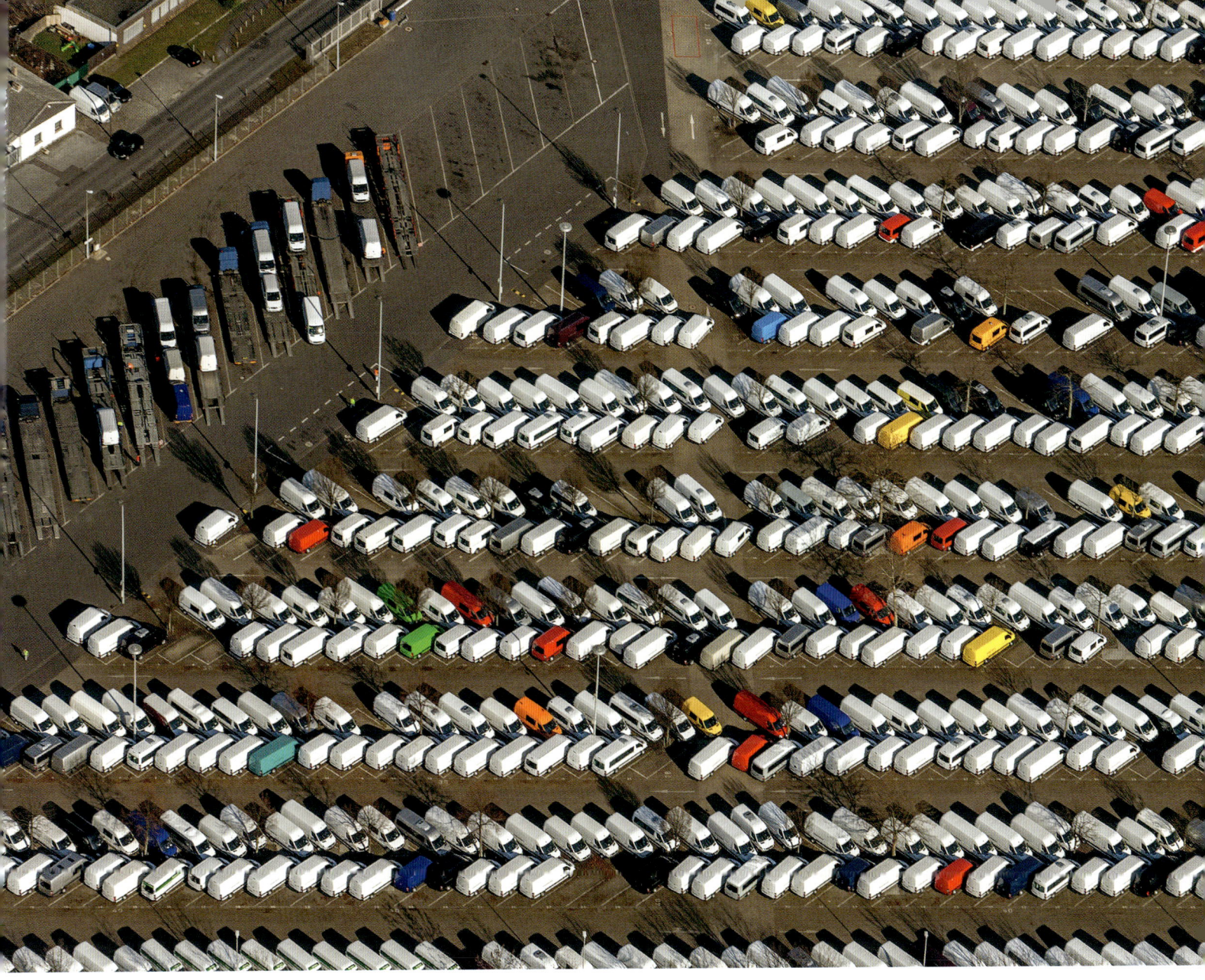

Transporter auf dem Parkplatz des
Mercedes-Benz Werks in Derendorf

Kaufhaus Breuninger |
am Kö-Bogen |

| Die Spiegelung des Düsseldorfer Schauspielhauses im Dreischeibenhaus am Gustaf-Gründgens-Platz